Folens

PRIMARY LANGUAGES
SPANISH 2

Helen Orme

Contents

Introduction	3	Las tiendas	26–28
Teachers' notes	3–5	¿Cuánto es?	29
¿Qué hora es?	6–9	¿Qué te gusta hacer?	30–32
Mi día	10	¿Qué haces hoy?	33
¿Dónde vives?	11	¿Qué te gusta hacer?	34
Mis vacaciones	12–13	El cuerpo	35
En la costa	14	Descripción	36
En el campo	15	La ropa	37–38
En el colegio	16–17	Descripción	39–40
En clase	18	La ropa	41
Mi horario	19	En el pueblo hay	42–43
Bebo	20	Las direcciones	44–45
Como	21–22	Busco	46
En el café	23–24	Los medios de transporte	47
Mi almuerzo	25	Useful words	48

© 2006 Folens Limited, on behalf of the author.

UK: Folens Publishers, Apex Business Centre, Boscombe Road, Dunstable, LU5 4RL.
Email: folens@folens.com

Ireland: Folens Publishers, Greenhills Road, Tallaght, Dublin 24.
Email: info@folens.ie

Folens allows photocopying of pages marked 'copiable page' for educational use, providing that this use is within the confines of the purchasing institution. Copiable pages should not be declared in any return in respect of any photocopying licence.

Folens publications are protected by international copyright laws. All rights are reserved. The copyright of all materials in this publication, except where otherwise stated, remains the property of the publisher and author. No part of this publication may be reproduced, stored in a retrieval system, or transmitted, in any form or by any means, for whatever purpose, without the written permission of Folens Limited.

Helen Orme hereby asserts her moral right to be identified as the author of this work in accordance with the Copyright, Designs and Patents Act 1988.

Layout artist: Suzanne Ward
Illustrations: Susan Hutchison – Graham-Cameron Illustrations
Cover design: Blayney Partnership

First published 2006 by Folens Limited - New Edition 2007.

Every effort has been made to contact copyright holders of material used in this publication. If any copyright holder has been overlooked, we should be pleased to make any necessary arrangements.

British Library Cataloguing in Publication Data. A catalogue record for this publication is available from the British Library.

ISBN 978 1 84303 969 3

Introduction

This book is intended to be used as part of an introductory Spanish course for children aged five to eleven. The material follows QCA guidelines.

Children need a great deal of practice with new vocabulary and many of the sheets are designed to be used in a variety of ways, thus giving pupils the chance to concentrate on a limited set of new words.

All the printed material is appropriate to the age group and thus instructions are kept to an absolute minimum. It is assumed that the teacher will direct the use of the sheets orally. To put written instructions on the sheets would be likely to cause confusion.

Since oral work is so important in the teaching of a foreign language, as much opportunity as possible has been provided for using these sheets, or parts of them, as an aid to work with a partner or with a small group.

- Writing exercise
- In pairs 
- Oral and recording work 
- Matching exercise 
- Draw 
- Colour 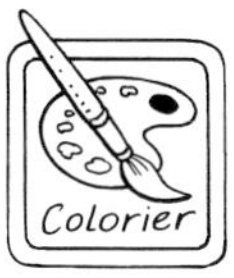
- Read 

Teachers' notes

Possible approaches for using the work sheets.

¿Qué hora es? / Mi día — 6–10

Primary Modern Foreign Languages SoW – Units 5, 7
Page 6 Pupils should write in the times in the spaces, or draw hands on the clock to show the given time.
Page 7 Pupils draw in hands on the clock or write the time shown – half and quarter hours.
Page 8 Pupils draw in hands on the clock or write the time shown – all times.
Page 9 Resource – This is a blank sheet for teachers to use as appropriate. Draw or write in times before photocopying.
Page 10 Pupils should identify the times of day when they may do the activities shown. They should draw hands on the clock to show these times. Write the activity in the box. Check understanding of vocabulary.
This sheet could also be used to describe the day's routine in school.

¿Dondé vives? — 11

Primary Modern Foreign Languages SoW – Unit 6
Copy the page onto card. Ask pupils to pick a card and introduce themselves to a partner
"Me llamo … vivo en … Es un pueblo en … "
This sheet could also be used in conjunction with the cards on pages 7 and 8 of Book 1. One pupil picks a card from this set and one of the name cards. This pupil asks
"¿Cómo se llama? ¿Dónde vive?"
Partner responds "Se llama … Vive en …" or one pupil picks cards from both packs and says
"(name) vive en … "
Replace the place names provided with others as appropriate. Use the cards for pair work. One pupil picks a card. "Pienso en un pueblo que empieza con la letra …" Other pupils guess which town.
Use with the people cards from Book 1 (pp. 7, 8). Pick a card of each type and say who is to visit which town. " … va a … "
Describe the location of a given town with reference to the compass point.
e.g. "Valencia está en el seste de España."

Teachers' notes

**Mis vacaciones / En la costa /
En el campo** 12–15

Primary Modern Foreign Languages SoW – Units 2, 6
Page 12 Pupils match the faces and write where each person has travelled for their holiday.
Practise oral responses.
Enlarge the map. Identify and mark on it places where pupils may have been for their holidays.
Ask pupils to say where they have been.
Page 13 Pupils should identify the missing letters and complete the country names.
Ask pupils to complete the boxes choosing a country they would like to visit, a method of transport and giving a reason, e.g. Voy a ir a la montaña. Voy a pasar mis vacaciones en Alemania. Voy a viajar en tren.
Page 14 Ask pupils to match the words with the right picture.
Page 15 Ask pupils to match the words with the right picture.

En el colegio / En clase / Mi horari 16–19

Primary Modern Foreign Languages SoW – Unit 7, Unit 1 LO6
Page 16 Ask pupils to match the words with the right picture.
Enlarge the pictures, and print onto card to use as flash cards.
Page 17 Pupils should work in pairs to ask each other which subjects they like, dislike etc.
This activity could be extended if pupils interview others in the class.
Page 18 Ask pupils to match the words with the right picture.
Page 19 Model a daily timetable with the pupils.
List the subjects for the day – include break and lunch times. Write in lesson times.
Ask pupils to fill in the blank timetable for their week.
Pupils should complete the sentences in the box by identifying the day on which they have a particular subject and writing in the lesson times.

**Bebo / Como / En el café /
Mi almuerzo** 20–25

Primary Modern Foreign Languages SoW – Unit 8
Page 20 Ask pupils to match the words with the right picture.
Page 21 Ask pupils to match the words with the right picture.
Page 22 Ask pupils to match the words with the right picture.
Page 23 Pupils work in groups. Each pupil takes an order from others in the group.
Copy and enlarge the list of food items – write in a price list and ask pupils to work out the cost of each order.
Page 24 Pupils should choose three of the illustrated orders and write these in the spaces. If a price list has already been compiled pupils could be asked to calculate the cost of each order.
Page 25 Pupils should match the items with their names. Using food and drink items from pages 20 and 23, pupils should draw a meal on the plate and list the chosen foods.
The page could be enlarged and used for display purposes.

Las Tiendas / ¿Cuánto es? 26–29

Primary Modern Foreign Languages SoW – Unit 8
Page 26 Ask pupils to match the words with the right picture.
Page 27 Write in the names of the various shops. As an alternative the teachers could indicate a selection of items before photocopying the sheet.
This sheet could be enlarged for display work.
Page 28 Ask pupils to choose items from the list and write in the correct shop.
Page 29 Complete the price labels with appropriate amounts before photocopying.
Pupils should write in correct amounts for each item. This could also be done as an oral exercise.

Teachers' notes

¿Qué te gusta hacer? / ¿Qué haces hoy? ¿Qué te gusta hacer? 30–34

Primary Modern Foreign Languages SoW – Unit 9
Page 30 Ask pupils to match the words with the right picture.
Page 31 Ask pupils to match the words with the right picture.
Page 32 Ask pupils to match the words with the right picture.
Page 33 These represent diary pages – pupils use the illustrations to help them complete the activity list for the first week. They then complete the other two weeks for themselves.
An alternative exercise would be to interview others in the class.
Page 34 Pupils complete one set of tick boxes – indicating which activities they like, dislike etc. – and then complete the questionnaire with a partner.
One pupil asks "¿Qué te gusta hacer?" Their partner responds with "Odio …, me gusta mucho," etc. choosing activities from those pictured. The exercise could be repeated, interviewing others in the class and using different lists of activities, hobbies or lessons.

El cuerpo / Descripción 35–36

Primary Modern Foreign Languages SoW – Unit 9
Page 35 Matching exercise. Pupils match labels to the correct part of the body.
This page could be enlarged and labels stuck on following a class discussion.
Page 36 Colour the pictures according to the description. Ensure pupils understand all necessary vocabulary.
Use the descriptions to model descriptions of other pupils or family.
This page could be used again if teachers blanked out the descriptions given and wrote in alternatives before photocopying.

La ropa / Descripción / La ropa 37–41

Primary Modern Foreign Languages SoW – Unit 10
Page 37 Ask pupils to match the words with the right picture.
Page 38 Ask pupils to match the words with the right picture.
Use either of these sheets for a colouring exercise – add colour words to descriptions.
Add price labels on articles and ask how much it costs to buy various combinations.
Page 39 Draw in the correct clothing items. Amend the description using colours and repeat the exercise.
Page 40 Match the descriptions with the pictures. Colour as appropriate.
Ask pupils to suggest further descriptive words.
Use the descriptions provided to model descriptions of other pupils or family members.
Page 41 Identify the number of items of each clothing type in the wardrobe. Using the vocabulary boxes, pupils have to list as many as possible. Make up sentences about the clothes – use a variety of descriptive words including colour.

En el pueblo hay 42–43

Primary Modern Foreign Languages SoW – Unit 11
Page 42 Matching exercise.
Page 43 Matching exercise.
Draw a large map and use the pictures from these pages to illustrate various locations. This could be used for oral work describing how to get from one place to another.

Las direcciones / Busco 44–46

Primary Modern Foreign Languages SoW – Units 6, 11
Page 44 Pupils write the direction shown in each picture.
Copy the pictures onto card. Copy the pictures on pp. 42 and 43 onto card. One pupil picks a place card and asks how to get there. Their partner picks a direction card to respond.
Pages 45 & 46 Pupils use the map on page 45 to provide directions to the places given.
Match the places with the correct set of directions. Use these as a model. Ask pupils to write their own directions to given destinations.

Los medios de transporte 47

Primary Modern Foreign Languages SoW – Unit 12
Ask pupils to match the words with the right picture.

¿Qué hora es?

Son las dos

Son las cinco

Son las nueve

Son las

Son las

Son las

Es la una

Son las

Es mediodía

¿Qué hora es?

Son las diez y media

Son las siete y cuarto

Son las cuatro menos cuarto

Son las cinco y media

Son las nueve y cuarto

Son las cuatro menos diez

¿Qué hora es?

Son las ocho menos cinco

Son las siete menos veinticinco

Es la una menos diez

Son las diez y cinco

Es mediodía menos vienticinco

Son las nueve menos cuarto

¿Qué hora es?

mediodía / medianoche

Las once — 12 — La una
Las diez — menos cinco / y cinco — Las dos
— menos diez / y diez —
Las nueve — menos cuarto / y cuarto — Las tres
— menos veinte / y veinte —
Las ocho — menos veinticinco / y veinticinco — Las cuatro
— y media —
Las siete — Las cinco
Las seis

© Folens (copiable page)   PRIMARY Spanish: Book 2

Mi día

Me levanto

Ceno

Tomo desayuno

Practico deportes

Miro la televisión

Voy al colegio

Me acuesto

Hago mis deberes

¿Dónde vives?

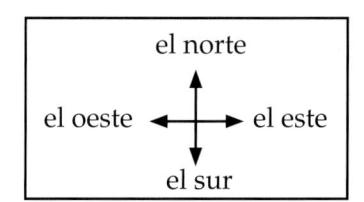

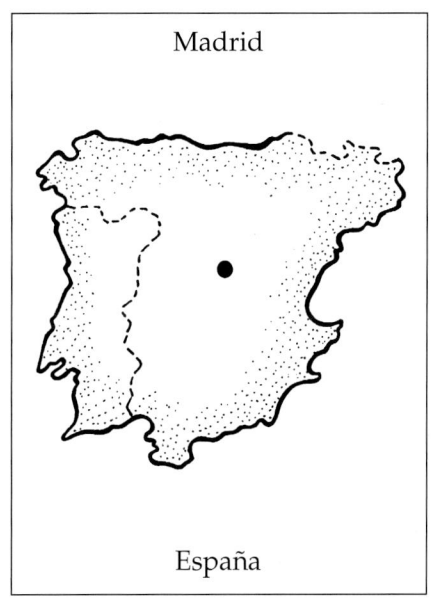

el norte
el oeste ←→ el este
el sur

Barcelona	Cardiff	Edimburgo
España	Gran Bretaña	Gran Bretaña

Southampton	Valencia	Sevilla
Gran Bretaña	España	España

Santiago de Compostela	Manchester	Madrid
España	Gran Bretaña	España

© Folens (copiable page)   PRIMARY Spanish: Book 2

Mis vacaciones

el norte
el oeste ← → el este
el sur

Reino Unido
Dinamarca
Escocia
Irlanda
Inglaterra
El País de Gales
Alemania
Bélgica
Francia
Suiza
Portugal
España
Italia
Grecia

Voy a pasar mis vacaciones en _____ .

Voy a pasar mis vacaciones en _____ .

Voy a pasar mis vacaciones en _____ .

Voy a pasar mis vacaciones en _____ .

Voy a pasar mis vacaciones en _____ .

Voy a pasar mis vacaciones en _____ .

Voy a pasar mis vacaciones en _____ .

Voy a pasar mis vacaciones en _____ .

PRIMARY Spanish: Book 2 © Folens (copiable page)

Mis vacaciones

Alemania	Ir _ _ _ _ a	In _ _ _ _ erra
España		
Francia		
Grecia	G _ _ _ _ a	E _ _ _ cia
Suiza		
Italia		
Inglaterra	S _ _ a	F _ _ _ cia
Gales		
Escocia		
Irlanda	I _ _ _ ia	G _ _ _ _

en tren

Voy a ir _____
Voy a pasarc mis vacaciones en _____
Voy a viajar _____

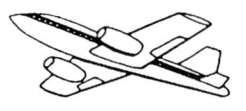

en avión

Voy a ir _____
Voy a pasar mis vacaciones en _____
Voy a viajar _____

en coche

Voy a ir _____
Voy a pasar mis vacaciones en _____
Voy a viajar _____

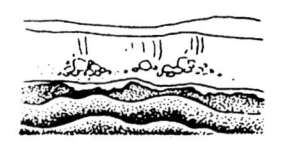

a la costa

a la montaña

Voy a ir _____
Voy a pasar mis vacaciones en _____
Voy a viajar _____

al campo

Voy a ir _____
Voy a pasar mis vacaciones en _____
Voy a viajar _____

© Folens (copiable page)   PRIMARY Spanish: Book 2

En la costa

el mar

la playa

la sombra

un castillo de arena

un barco

las rocas

el salvavidas

la pala

la toalla

el cubo

el traje de baño

las gafas de sol

PRIMARY Spanish: Book 2

En el campo

el campo

la granja

el bosque

las vacas

el río

la brújula

la tienda de campaña

la verja

el seto

la mochila

el saco de dormir

el mapa

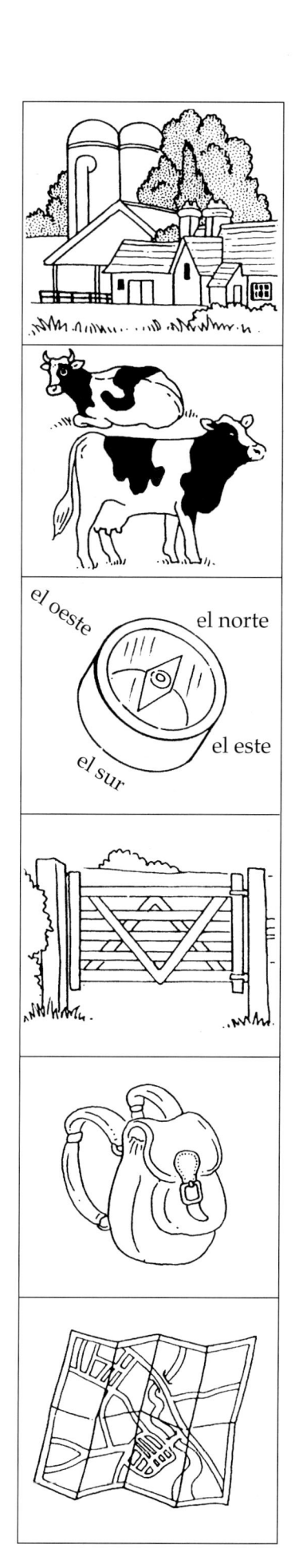

En el colegio

Me gusta

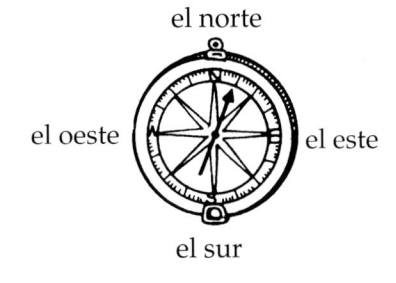

- el francés
- el dibujo 
- el inglés 
- las matemáticas 
- la música 
- la geografía 
- el deporte
- la historia 
- la tecnología 
- las ciencias

En el colegio

¿Qué asignaturas prefieres?

---

el inglés

el dibujo

el francés

la geografía

la historia

las matemáticas

la música

el deporte

la tecnología

las ciencias

---

muy interesante

mi asignatura favorita

muy divertido/a

divertido/a

aburrido/a

muy difícil

fácil

difícil

Nombre _____

Prefiero _____

es _____

Me encanta _____

es _____

Me gusta mucho _____

es _____

Me gusta _____

es _____

No me gusta _____

es _____

Odio _____

es _____

Nombre _____

Prefiero _____

es _____

Me encanta _____

es _____

Me gusta mucho _____

es _____

Me gusta _____

es _____

No me gusta _____

es _____

Odio _____

es _____

© Folens (copiable page)   PRIMARY Spanish: Book 2

En clase

Hay

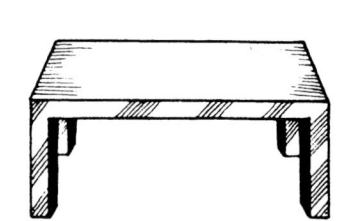

- una bolsa
- un texto de español 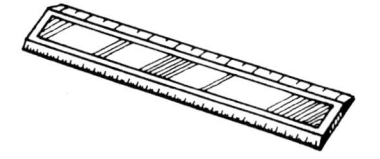
- una silla 
- un cuaderno 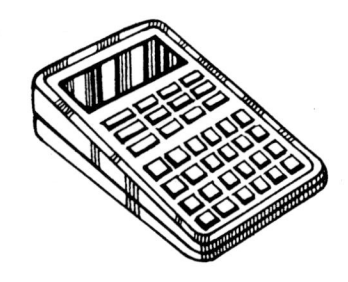
- un bolígrafo
- una regla   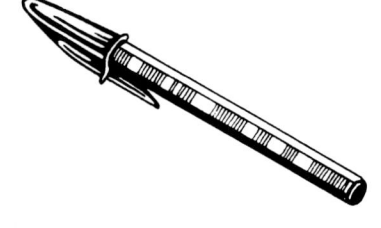
- una calculadora
- un lápiz 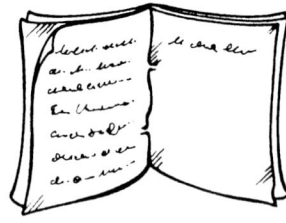  
- una goma
- una mesa 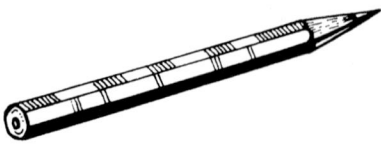
- un estuche 
- un libro

Mi horario

lunes						
martes						
miércoles						
jueves						
viernes						

las asignaturas:
- el inglés
- el dibujo
- el francés
- la geografía
- la historia
- las matemáticas
- la música
- el deporte
- la tecnología
- las ciencias

la lista
el recreo
el almuerzo

el lunes –
Hay inglés a _____
_____ –
Hay matemáticas a _____
_____ –
Hay ciencias a _____
_____ –
Hay deporte a _____
_____ –
Hay francés a _____
_____ –
Hay historia a _____

Bebo

- café
- una limonada 
- una coca-cola
- un café con leche  
- una cerveza
- un vino  
- un té con limón
- un té   
- un agua mineral
- un chocolate   
- una leche
- un zumo de naranja

Como

una porción de tarta

unas patatas fritas

un helado de chocolate

un sándwich de queso

una hamburguesa

un helado de vainilla

pan

un yogur

pescado

mermelada

una pizza

una bolsa de patatas fritas

Como

unas ciruelas

unos tomates

unos melocotones

unas zanahorias

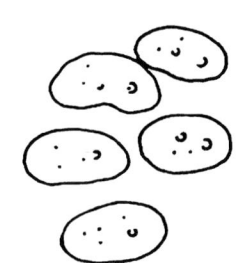

unos guisantes

unas manzanas

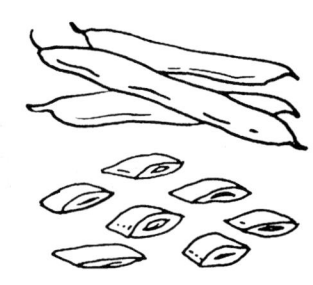

unas judías verdes

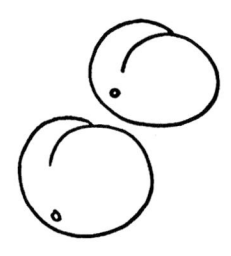

unas frambuesas

una lechuga

unos plátanos

unas patatas

un racimo de uvas

En el café

¿Qué desea?

una pizza	pan	un té con limón	un café
un perrito caliente	un yogur	un zumo de naranja	un té
mermelada	unas patatas fritas	una limonada	una coca-cola
una hamburguesa	una bolsa de patatas fritas	un agua mineral	un vaso de leche
un sándwich de queso	una porción de tarta	un chocolate	un vino
pescado	un helado de chocolate	una cerveza	
un biftec			
unos croissanes			

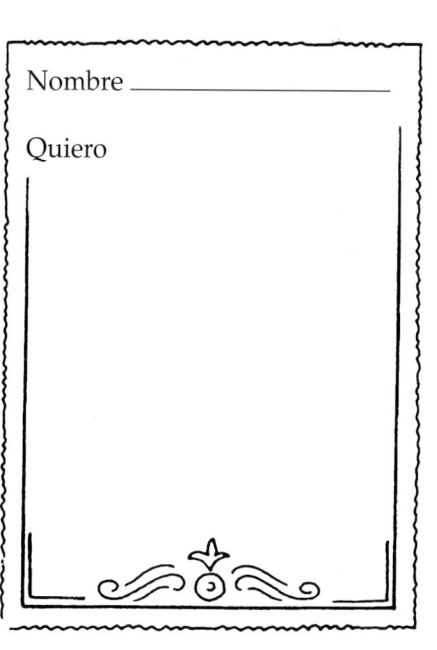

Nombre _____
Quiero

Nombre _____
Quiero

Nombre _____
Quiero

Nombre _____
Quiero

Nombre _____
Quiero

Nombre _____
Quiero

En el café

¿Qué desea?

Quiero

Quiero

Quiero

Mi almuerzo

una cuchara

un tenedor

un cuchillo

un plato

una taza

un tazón

un vaso

Las tiendas

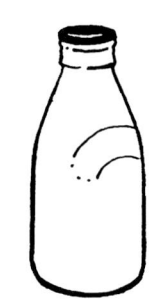

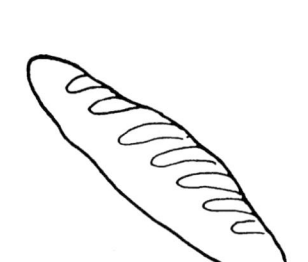

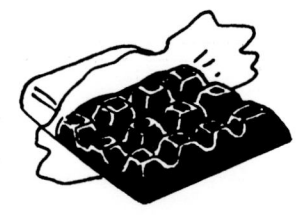

- un pollo
- unos huevos
- un paquete de galletas
- el azúcar
- una tableta de chocolate
- la leche
- unos croissanes
- unas chuletas de cordero
- una barra de pan
- unas salchichas
- una porción de tarta
- un biftec

Las tiendas

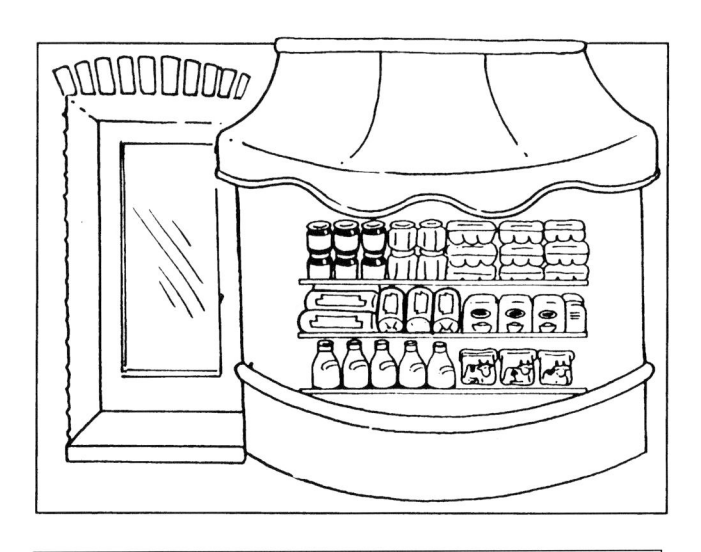

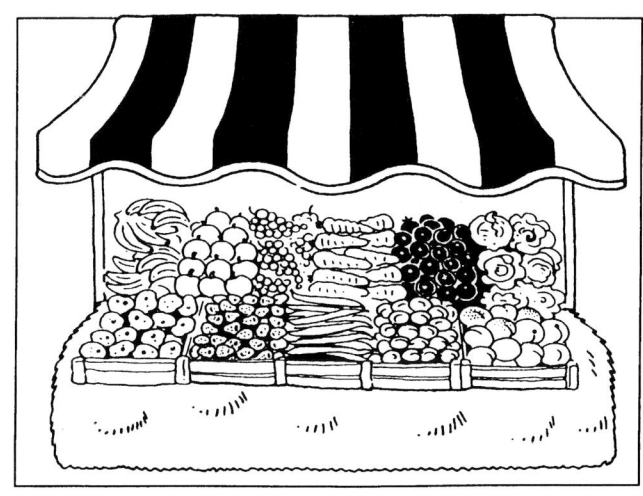

Las tiendas

| La panadería | La tienda de ultramarinos | El mercado |

| El supermercado | La carnicería | El estanco |

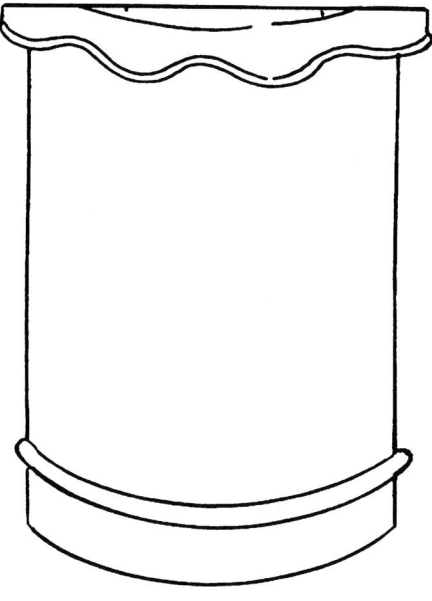

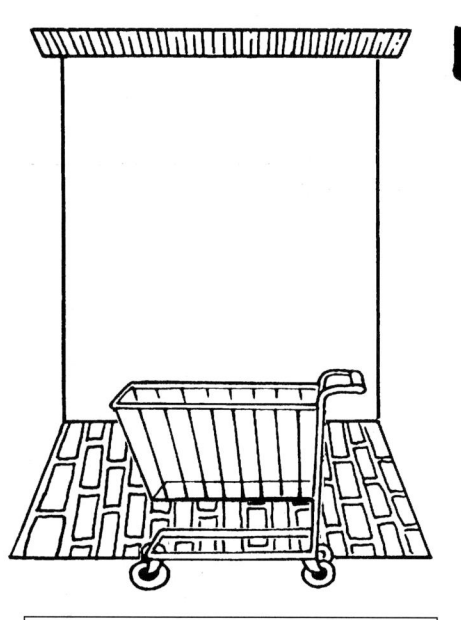

la mermelada	un paquete de galletas	las patatas
las ciruelas	Lun racimo de uvas	el biftec
un pollo	una coca-cola	unas chuletas de cordero
unas patatas fritas	una lechuga	unos caramelos
una postal	una barra de pan	los plátanos
unas salchichas	la leche	un pastel
unos melocotones	unas judías verdes	unas manzanas
las frambuesas	un yogur	unos huevos
una tarta	los tomates	las zanahorias
un sello	el agua mineral	el azúcar
una botella de limonada	una barra de chocolate	unos croissanes

¿Cuánto es?

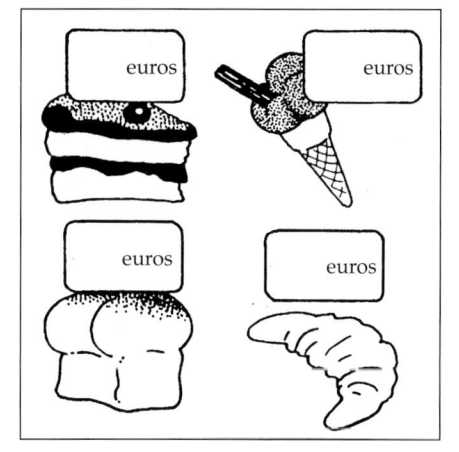

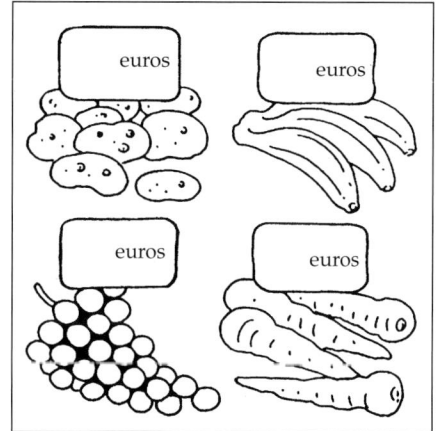

¿Cuánto es?
una porción de tarta
___
el pan
___
el helado de chocolate
___
el croissán
___

¿Cuánto es?
las patatas
___
los plátanos
___
un racimo de uvas
___
las zanahorias
___

¿Cuánto es?
la postal
___
el sello
___
la muñeca
___
la caja de lápices
___

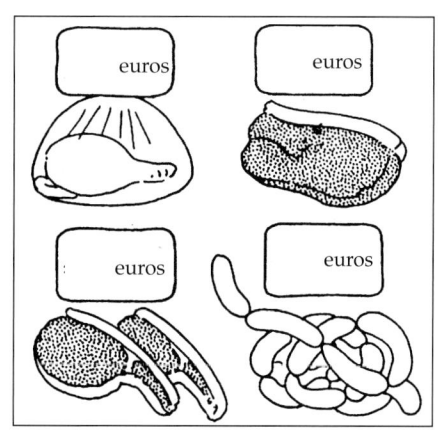

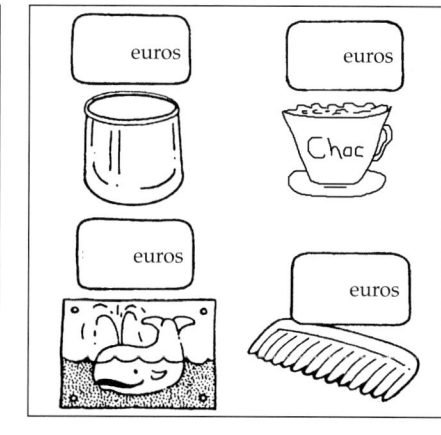

¿Cuánto es?
las galletas
___
la tableta de chocolate
___
la leche
___
los huevos
___

¿Cuánto es?
el pollo
___
el biftec
___
las chuletas de cordero
___
las salchichas
___

¿Cuánto es?
el vaso
___
el tazón
___
el póster
___
el peine
___

¿Qué te gusta hacer?

Me gusta

jugar al fútbol

practicar la equitación

practicar el atletismo

practicar el ciclismo

jugar al tenis

jugar al bádminton

practicar la natación

jugar al golf

jugar al ping-pong

jugar al hockey

practicar la gimnasia

practicar el judo

¿Qué te gusta hacer?

Me gusta

- coleccionar sellos
- ir a la discoteca
- ir al cine
- ir de pesca
- ver la televisión
- escuchar música
- leer
- jugar con mi ordenador
- coleccionar muñecas
- coleccionar postales
- jugar a las cartas
- tocar la guitarra

¿Qué te gusta hacer?

Me gusta

- hacer surf
- jugar al rugby
- esquiar
- patinar
- practicar el ciclismo
- bailar
- hacer windsurfing
- jugar al cricket
- hacer el alpinismo
- practicar el patinaje sobre ruedas
- hacer vela
- jugar al baloncesto

¿Qué haces hoy?

domingo	*Voy de pesca*
lunes	
martes	
miércoles	
jueves	
viernes	
sábado	

Juego al fútbol.
Juego al tenis.
Juego con mi ordenador.
Voy de pesca.
Voy al cine.
Voy a la discoteca.
Veo la televisión.
Escucho música.
Leo unas revistas.
Practico la natación.
Practico el ciclismo.
Voy de compras.

domingo
lunes
martes
miércoles
jueves
viernes
sábado

domingo
lunes
martes
miércoles
jueves
viernes
sábado

¿Qué te gusta hacer?

	Yo				Mi pareja			
	Odio	No me gusta	Me gusta	Me gusta mucho	Odia	No le gusta	Le gusta	Le gusta mucho

Yo

Me llamo _____

Como deporte _____

Odio _____

No me gusta _____

Me gusta _____

Me gusta mucho _____

Mi pareja

Se llama _____

Como deporte _____

Odia _____

No le gusta _____

Le gusta _____

Le gusta mucho _____

El cuerpo

- el pelo
- la cabeza
- el cuello
- el ojo (los ojos)
- la boca
- el brazo (los brazos)
- la oreja (las orejas)
- el hombro (los hombros)
- el dedo (los dedos)
- la mano (las manos)
- la espalda
- la rodilla (las rodillas)
- el estómago
- el cuerpo
- las caderas
- los dedos del pie
- el pie (los pies)
- la pierna (las piernas)

Descripción

A

Ella tiene los ojos grises.

Tiene el pelo negro.

Tiene el pelo corto y rizado.

B

Él tiene los ojos azules.

Tiene el pelo rubio.

Tiene el pelo corto y rizado.

C

Él tiene los ojos marrones.

Tiene el pelo castaño.

Tiene el pelo liso.

D

Ella tiene los ojos verdes.

Tiene el pelo rojo.

Tiene el pelo largo y rizado.

E

Ella tiene los ojos azules.

Tiene el pelo rubio.

Tiene el pelo largo y liso.

F

Ella tiene los ojos verdes.

Tiene el pelo negro.

Tiene el pelo largo.

La ropa

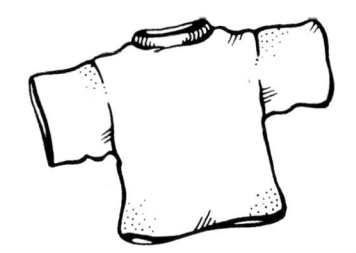

un vestido

un pantalón corto

unos pantalones

una falda

una camiseta

una camisa

un polo

un traje de baño

una blusa

una chaqueta

unos vaqueros

unas gafas de sol

La ropa

unas sandalias

unas botas

unos calcetines

unas zapatillas de deporte

unas medias

un jersey

una bufanda

una gorra

un abrigo

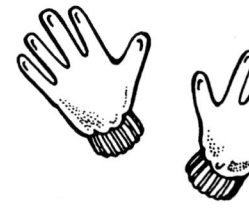

unos guantes

una corbata

unos zapatos

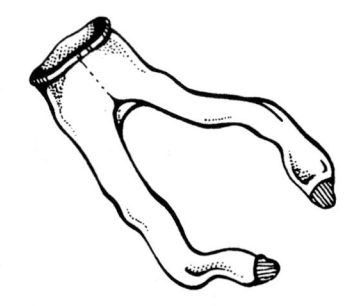

Descripción

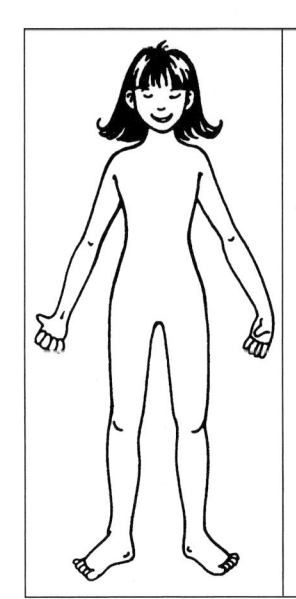

A

Ella lleva un vestido.

Lleva calcetines y unos zapatos.

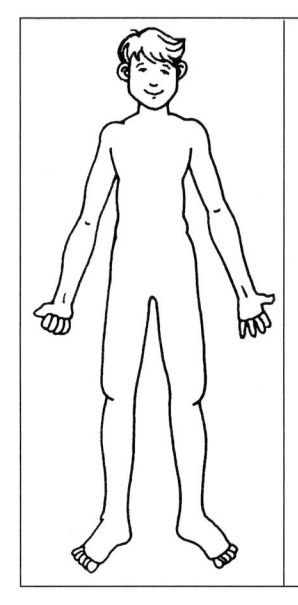

B

Él lleva una camisa.

Lleva un jersey.

Lleva una corbata.

Lleva unos pantalones.

Lleva unos zapatos.

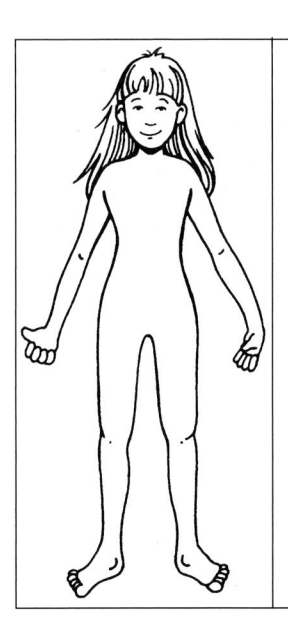

C

Ella lleva una camiseta.

Lleva unos vaqueros.

Lleva unas sandalias.

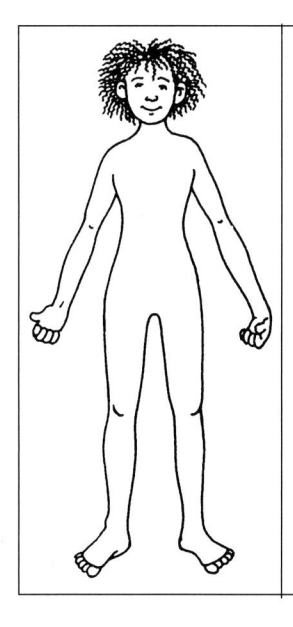

D

Él lleva una camisa.

Lleva unos vaqueros.

Lleva un abrigo.

Lleva unas zapatillas de deporte.

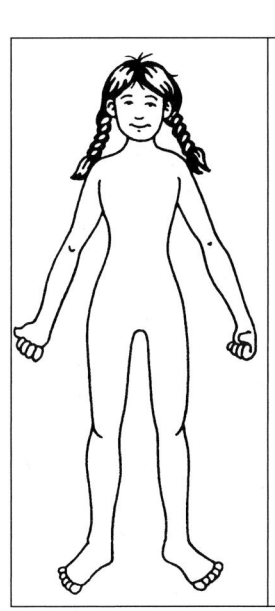

E

Ella lleva una falda y un jersey.

Lleva unas medias.

Lleva unas botas.

Lleva una bufanda.

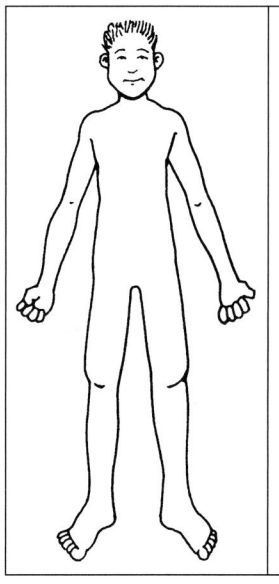

F

Él lleva una camiseta.

Lleva un pantalón corto.

Lleva unas sandalias.

Lleva un sombrero y unas gafas de sol.

Descripción

- Se llama María.
- Es baja y delgada.
- Tiene los ojos marrones y es pelirroja.
- Lleva un vestido amarillo.
- Lleva unas medias azules y unas sandalias marrones.

Se llama _____

- Se llama Ana.
- Es bastante gorda.
- Tiene los ojos azules y el pelo castaño.
- Lleva un vestido azul.
- Lleva calcetines blancos y unas botas negras.
- Lleva una bufanda y unos guantes.

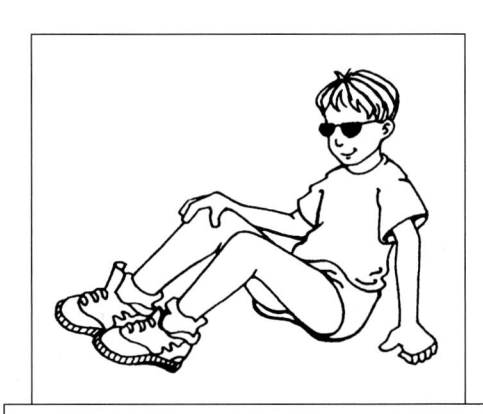

Se llama _____

- Se llama Pablo.
- Es alto.
- Lleva gafas.
- Tiene los ojos azules y el pelo rubio.
- Lleva una camiseta roja y unos vaqueros azules.
- Lleva unos zapatos negros.

Se llama _____

- Se llama Pedro.
- Es bastante alto y delgado.
- Tiene los ojos marrones y el pelo castaño.
- Lleva un traje de baño verde y una camiseta naranja.
- Lleva unas zapatillas de deporte y unas gafas de sol.

Se llama _____

La ropa

Escribir

En el armario hay

_____
_____
_____
_____
_____
_____
_____
_____
_____
_____
_____
_____
_____
_____
_____

1	uno
2	dos
3	tres
4	cuatro
5	cinco
6	seis
7	siete
8	ocho
9	nueve
10	diez

vestido	corbata	sandalias
falda	zapatos	sombrero
pantalón	blusa	guantes
jersey	calcetines	polo
abrigo	camiseta	traje de baño
vaqueros	medias	bufanda
chaqueta	botas	pantalón corto
camisa	zapatillas de deporte	gafas de sol

© Folens (copiable page)   PRIMARY Spanish: Book 2   41

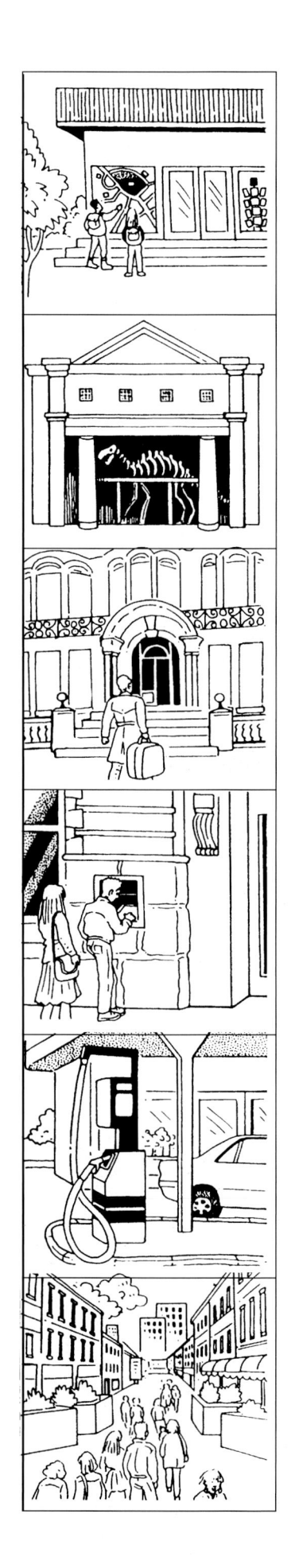

En el pueblo hay

| la oficina de turismo |
| el colegio |
| la biblioteca |
| la estación |
| el banco |
| la estación de servicio |
| el café |
| el ayuntamiento |
| el museo |
| la iglesia |
| el centro |
| el hotel |

En el pueblo hay

- la piscina
- el río
- el restaurante
- el estadio
- la estación de autobuses
- el parque
- el castillo
- el cine
- correos
- el mercado
- la comisaría
- el aparcamiento

Las direcciones

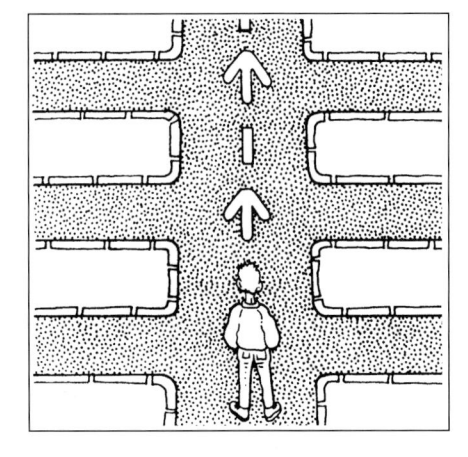

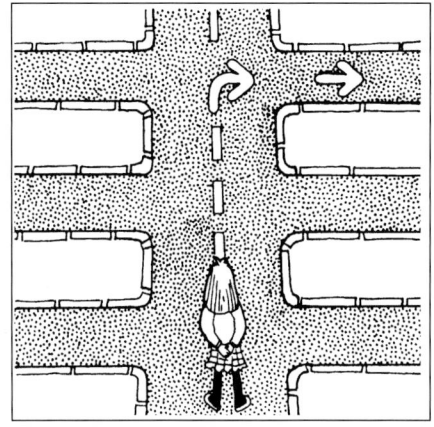

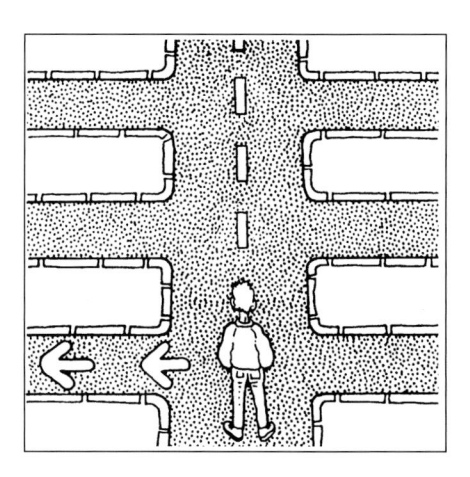

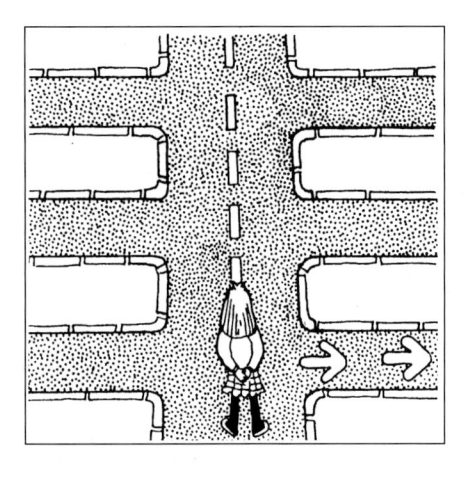

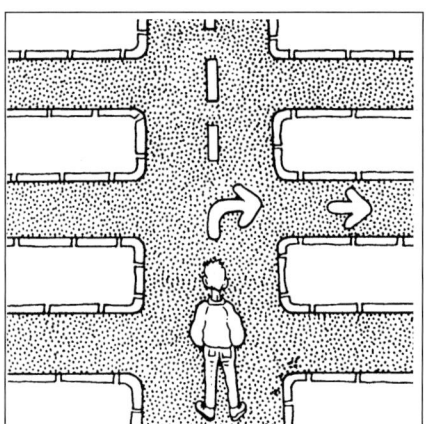

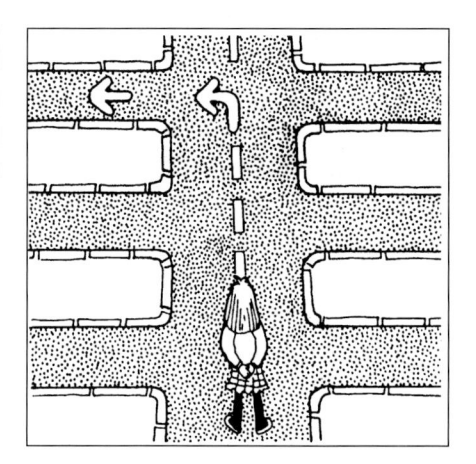

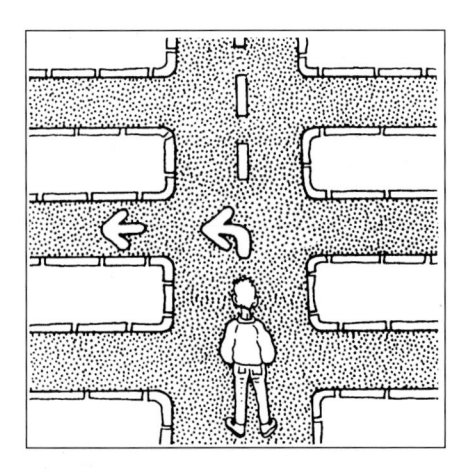

Gire a la izquierda.

Gire a la derecha.

Siga todo recto.

Tome la tercera calle a la izquierda.

Tome la segunda calle a la derecha.

Tome la tercera calle a la derecha.

Tome la segunda calle a la izquierda.

Las direcciones

Busco

Busco la iglesia.	Tuerza a la izqierda.
Busco el banco.	Tuerza a la derecha.
Busco el hotel.	Tome la segunda calle a la derecha.
Busco la estación de trenes.	Siga todo recto. Tome la segunda calle a la izquierda.
Busco el museo.	Siga todo recto. Tome la tercera calle a la derecha.

Busco correos
_____
_____

Busco el mercado
_____
_____

Busco la oficina de turismo
_____
_____

Busco el café
_____
_____

Busco la estación de autobuses
_____
_____

Los medios de transporte

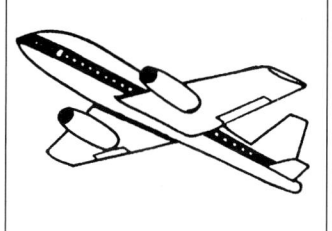

a pie

en coche

en camello

en tren

en barco

en metro

en autobús

en avión

en bicicleta

en motobicicleta

Useful words

	Spanish	English
A	aburrido/a	boring
	amarillo	yellow
	una asignatura	a subject
	el avión	the aeroplane
	el ayuntamiento	the town hall
	azul(es)	blue
B	el barco	the boat
	la bebida	the drink
	la biblioteca	the library
	blanco	white
	una blusa	a blouse
	la boca	mouth
	una bolsa	a bag
	las botas	boots
	el brazo	arm
	una bufanda	a scarf
	buscar	to look for
C	la cabeza	head
	las caderas	hips
	el café	coffee, cafe
	el campo	the countryside
	los calcetines	socks
	la calle	the street
	una camisa	a shirt
	un campo	a field
	la carnicería	the butcher's shop
	una casa	a house
	un castillo de arena	a sandcastle
	la cebolla	the onion
	una cerveza	a beer
	una chaqueta	a jacket
	un chocolate	hot chocolate
	una chuleta	a chop
	ciruelas	plums
	el coche	the car
	la comisaría	the police-station
	un compact	a CD
	de compras	shopping
	¿Cuánto es?	How much is it?
	una cuchara	a spoon
	un cuchillo	a knife
	el cuello	neck
D	el dedo	finger
	los dedos del pie	toes
	delgado	thin, slim
	la derecha	right
	difícil	hard (difficult)
E	la espalda	back
	la estación	railway station
	la estación de autobús	the bus station
	la estación de servicio	the service station
	un estadio	a stadium
	el estanco	the tobacconist's
	el este	east
	el estómago	stomach
	un estuche	a pencil case
F	fácil	easy
	una falda	a skirt
	las frambuesas	raspberries
G	las gafas de sol	sunglasses
	una gorra	a cap
	grande	large
	la granja	farm
	gris	grey
	los guantes	gloves
H	un helado	an ice cream
	el horario	timetable
	hoy	today
	los huevos	eggs
I	la iglesia	the church
	el inglés	English
	a la izquierda	on the left
L	la leche	milk
	las legumbres	vegetables
	un libro	a book
	con limón	with lemon
	liso	straight (hair)
M	la mano	hand
	una manzana	an apple
	el mapa	the map
	el mar	the sea
	marrón	brown
	unas medias	a pair of tights
	el mercado	the market
	la montaña	the mountain
	una muñeca	a doll
	el museo	the museum
N	negro	black
	el norte	north
O	el oeste	west
	la oreja	ear
P	el pan	bread
	la panadería	the baker's shop
	unos pantalones	a pair of trousers
	patatas	potatoes
	las patatas fritas	chips
	pequeño	little
	un pez	a fish
	el pie	foot
	la pierna	the leg
	la piscina	the swimming pool
	el plato	the plate
	la playa	the beach
	un pollo	a chicken
	una postal	a postcard
	un pueblo	a town
Q	el queso	cheese
	todo recto	straight on
R	el río	river
	rizado	curly (hair)
	la rodilla	knee
	rojo	red
	la ropa	clothing
S	un sello	a stamp
	un sombrero	a hat
	el sur	south
T	una taza	a cup
	un té	tea
	un tenedor	a fork
	una tienda	a shop
	una toalla	a towel
	un traje de baño	a swimming costume
U	un racimo de uvas	grapes
	la tienda de ultramarinos	the grocer's shop
V	las vacaciones	holiday
	un vaso	a glass
	verde	green
	un vestido	a dress
	el salvavidas	the lifeguard
Y	el yogur	yoghurt
Z	zapatillas de deporte	trainers
	zapatos	shoes